L'ESPAGNE

EN 1863

PRINCIPALES PUBLICATIONS DU MÊME AUTEUR.

Des symptômes prodromiques du choléra. *Revue thérapeutique du Midi*, année 1851.

Du diagnostic différentiel de la phthisie et de la pleurésie chronique. *Revue thérapeutique du Midi*, année 1852.

Du serment prononcé à la Faculté de Montpellier envisagé au triple point de vue de la doctrine, de la pratique et de la morale. — Grand in-8°, 1855.

Des superstitions populaires et de leurs conséquences sur la santé publique. — Brochure in-8°, 1856.

De l'Érysipèle et de ses différents caractères. — Brochure in-4°, 1855.

Étude climatologique du sud-ouest de la France. — In-8°, 1856.

De la mort apparente et de la mort réelle. — Brochure in-8°, 1857.

De l'Émigration européenne dans les États de l'Amérique du Nord et du Sud. — In-16, Bordeaux, 1857.

Des maladies catarrhales en général et de quelques points de doctrine qui s'y rattachent. — Grand in-8°, Bordeaux, 1858.

Du traitement de la phthisie pulmonaire. — *Courrier médical*, 1859.

SOUS PRESSE :

Études de philosophie médicale.

L'ESPAGNE

EN 1863

PAR LE DOCTEUR E. DURAND

MÉDECIN DE LA MANUFACTURE DES TABACS ET DES SAPEURS-POMPIERS DE LA VILLE
DE BORDEAUX,

ANCIEN CHIRURGIEN DES HOPITAUX MILITAIRES ET DE LA MARINE,

MEMBRE DE LA SOCIÉTÉ DE MÉDECINE ET DE CHIRURGIE PRATIQUES DE MONTPELLIER,

ANCIEN RÉDACTEUR-COLLABORATEUR

DE LA REVUE THÉRAPEUTIQUE DU MIDI ET DE LA REVUE NATIONALE,

COLLABORATEUR DU COURRIER MÉDICAL, ETC.

PARIS

IMPRIMERIE DE V. GOUPY ET Cⁱᵉ,

5, rue Garancière, 5

1864

DÉDICACE

A S. M. LA REINE DES ESPAGNES

A SA MAJESTÉ ISABELLE II

Madame,

L'auteur d'une publication destinée à mettre en relief le tableau de la prospérité actuelle de l'Espagne, et que son titre d'étranger place en dehors de toute partialité de luttes, et de tout soupçon de flatterie, doit avoir le désir de placer son œuvre sous le patronage de la Reine illustre qui est l'éclatante personnification de cette prospérité, puisqu'elle en est la créatrice.

Votre Majesté daignera-t-elle accueillir favorablement la dédicace de cet opuscule?

Si cet hommage qui lui est offert obtient

l'auguste approbation que son auteur solli-
cite humblement, la plus douce des récom-
penses viendra couronner un travail, mo-
deste sans doute, mais qui se grandit en
retraçant la puissance et la dignité de la
nation dont vous êtes la souveraine bien-
aimée; qui se rehausse surtout de tout l'é-
clat qui environne le règne de Votre Majesté,
règne que l'histoire proclamera comme un
des plus glorieux de notre époque.

Je suis,

> Madame,
>> de Votre Majesté,
>> Le très-humble, très-obéissant
>> et très-dévoué serviteur,

>>> Edmond DURAND.

L'ESPAGNE EN 1863

I

La marche des événements humains est soumise à une impulsion providentielle qui ne saurait être méconnue. Si nous parcourons l'histoire
contemporaine de l'Espagne; si nous jetons un
regard rapide sur les dramatiques épreuves de
sa transformation, nous retrouverons à chaque
pas l'empreinte de cette impulsion d'autant plus
ineffaçable, qu'en se combinant avec la liberté
de l'homme dans l'œuvre générale de la civilisation, elle a marqué le réveil de la Péninsule au
mouvement de la vie universelle.

Nous sommes en 1833.

Ferdinand VII venait de descendre au tombeau, laissant l'Espagne en présence d'une guerre de succession, d'une révolution imminente et des difficultés politiques d'une régence.

La guerre civile engagée entre l'élément libéral représenté par Sa Majesté dona Isabelle II, actuellement souveraine de toutes les Espagnes, et les idées absolutistes représentées par don Carlos, avaient jonché le sol de ruines, depuis les provinces basques jusqu'au détroit de Gibraltar, depuis les montagnes de la Galice et des Asturies, jusqu'aux rives de la Méditerrannée.

La révolution surgit au milieu de cette question dynastique, venant prêter à l'une des deux royautés en présence le périlleux appui de sa force et de son redoutable prestige. Durant sept longues années, en Catalogne comme dans l'Aragon, dans l'Estramadure comme dans les provinces andalouses, dans la Manche comme sur le versant méridional des Pyrénées, on n'avait entendu que le clairon des combats et les cris de nombreuses victimes.

Cette lutte fratricide, commencée en 1833,

qui semblait devoir amener une dissolution universelle au delà des Pyrénées, et que l'on eût
pu considérer, en tout autre pays que l'Espagne,
comme la dernière lueur de vie d'une nationalité
prête à s'éteindre, ou comme le souffle suprême
d'un peuple expirant, cette lutte finit en 1840.
L'absolutisme, non pas seulement comme représentation vivante d'un fait actuel, mais surtout
comme institution, fut vaincu le jour où la con-
vention de Bergara vint abattre le drapeau de
don Carlos, et l'obliger à se replier des montagnes des pays basques; la révolution que l'on a
tenue à l'écart des lois et de la place publique,
n'a plus sa raison d'être chez un peuple qui de-
mande à vivre d'une vie régulière, afin d'assister
et d'aider au développement normal de ses institutions civilisatrices par l'équilibre moral des
forces humaines.

Maintenant que la mort a décimé la majeure
partie des prétendants au trône de Castille, et
que le dernier survivant de cette race est venu
reconnaître, par un acte public, les droits légitimes de la souveraine actuelle, on peut bien se
dire, sans tomber dans les partialités de l'an-

cienne lutte, que Sa Majesté la reine avait alors pour elle, non-seulement le droit écrit, mais encore le droit traditionnel, national et populaire.

Aujourd'hui qu'elle fait le bonheur de ses sujets; aujourd'hui qu'elle rend à la Péninsule sa splendeur d'autrefois, en répandant les lumières de la civilisation moderne, en appliquant au système gouvernemental les principes de liberté qui ont été les gardiens de son berceau, elle donne à ses droits une sanction nouvelle : la vive gratitude de la nation tout entière.

Aussi, peut-on dire au nom de la vérité et de la justice que, si le consentement, les acclamations, l'amour et la reconnaissance d'un peuple sont la consécration de la légitimité des trônes, nul souverain ne porte plus légitimement sa couronne que Sa Majesté Isabelle II, reine des Espagnes.

II

Dona Isabelle II, à la mort du roi son père, allait entrer dans sa troisième année. La régence du royaume fut remise entre les mains de son auguste mère, Marie-Christine, femme intelligente, énergique, qui, comprenant la position et les circonstances au milieu desquelles la Péninsule se trouvait alors placée, résumait son époque par ces mots prononcés dans son discours d'apparat, à l'ouverture des Cortès : « Le nom de la reine et celui de la régente ne sauraient être la devise d'aucun parti ; ils doivent servir seulement de bannière tutélaire à toute la nation. »

Ces mémorables paroles renfermaient implicitement tout un programme politique.

Ce programme appelait à lui les opinions éparses et les forces nouvelles, afin de les grouper autour d'un drapeau d'avenir, et sa première application pratique faisait choix de M. Martinez de la Rosa, remplaçant M. Zea Bermudez comme chef du cabinet. Au nom de ce ministre, homme public estimé de tous, se rattachaient, d'une manière inséparable, les noms de Cortès et de Constitution. La révolte des provinces basques à l'occasion de la suppression de quelques franchises municipales, détermina sa chute que suivit de quelques mois à peine celle de M. de Toreno, son successeur.

M. Mendizabal les remplaçait, apportant des modifications à l'Estatuto Real, élargissant la loi électorale, mais obligé, sous la pression des juntes insurrectionnelles, de céder le poste à M. Isturiz qui, à son tour, se retirait devant M. Calatrava, au mois d'août 1836.

La Constitution de 1812, qui tendait à diminuer les prérogatives royales, venait de se rétablir au milieu du tumulte des passions. Le cabinet, dont M. Calatrava était le président, se plaça, dès le début, à la hauteur des circonstances. Le premier de ses actes fut de conserver l'unité de la régence entre les mains de l'auguste reine-mère, et cet acte fut, à la presque unanimité, ratifié et approuvé par les Cortès, comme gage de dévoûment, de respect et de gratitude.

Ce ministère déposa sa démission entre les mains de la reine au mois d'août 1837, et depuis cette époque jusqu'au moment où Marie-Christine quitta l'Espagne, la présidence du conseil fut alternativement occupée par MM. Arrazola et Perez de Castro.

Les différents ministères, dont nous venons d'énumérer la succession, emportèrent dans leur retraite l'estime générale. Passagers au pouvoir, ils n'avaient pu faire beaucoup de choses, ni consolider ce qui avait été entrepris. Quoique animés des meilleures intentions, ils arrivaient à l'heure où s'accomplissait, par delà les Pyrénées, une transformation générale, l'enfantement d'un régime nouveau. C'était la mauvaise heure, car il lui manquait le grand levier qui dirige les événements, c'est-à-dire la faveur des circonstances.

Leur administration avait pourtant marché dans la voie du progrès ; ils avaient posé les bases de grandes réformes que le temps seul pouvait réaliser et raffermir. Ils ne manquèrent ni au travail ni à la lutte ; le temps seul leur fit défaut.

III

La reine-mère (à qui l'histoire, plus impartiale que l'esprit de parti, rendra pleinement justice un jour, pour tout ce qu'elle a fait en faveur des idées libérales et constitutionnelles), la reine-mère venait de quitter l'Espagne, abandonnant la régence aux mains du maréchal Espartero.

La retraite, en 1843, du duc de la Victoire, qui était considéré comme le chef du parti progressiste, fut suivie de troubles graves dans la Catalogne et dans l'Aragon. Mais un événement de nature à les apaiser allait prochainement s'accomplir. Les chambres réunies s'étaient décidées à proclamer par anticipation la majorité de Sa Majesté Isabelle II et l'investir ainsi du plein exercice de son autorité légale.

Le jour où fut connue la délibération des Cortès, touchant cet acte solennel, fut pour l'Espagne l'inauguration d'une ère de paix et de bonheur. Vainement à la chambre des députés se montrèrent quelques opposants ; au sénat, le vote fut unanime, et l'espérance universelle dans tout le royaume, car la nation attendait de cet événement les plus grands résultats.

Parmi les députés qui répondirent d'une manière négative à la question posée par le président, il en est un, le marquis de Tabuerniga,

dont la déclaration mérite de ne pas être oubliée ; car elle montre l'esprit d'ordre admirable qui animait même cette minorité d'opposition.
« Une fois, dit-il, la majorité d'Isabelle pro-
« clamée par les Cortès, la reine ne possédera
« pas de sujet plus fidèle et plus dévoué, et dans
« tout le pays il n'y aura pas d'Espagnol plus
« décidé que moi à soutenir le trône et la liberté.
« Il faut tout oublier, car une ère nouvelle
« commence, et notre conduite doit avoir quel-
« que chose de neuf. Je propose donc que nous
« allions tous féliciter Sa Majesté, afin qu'en sa
« présence et à la sortie du palais, un même
« sentiment nous unisse, et nous puissions nous
« écrier ensemble : *Vive la Reine !* »

Ces mots, écoutés dans un profond silence, furent accueillis par un immense enthousiasme, et la dernière parole de l'orateur répétée par l'assemblée entière.

L'imposante cérémonie de la prestation du serment, et la réception royale le jour du baise-main, vinrent compléter cet acte solennel, qui devait finir par une véritable fête populaire.

La déclaration de la majorité de la reine res-

lera comme un des points intéressants de l'histoire espagnole, pour montrer combien était
déjà grand l'amour de ses sujets pour Isabelle II.
Cette déclaration fut suivie d'un décret d'amnis-
tie générale, et d'une nouvelle loi des ayunta-
mientos ; l'ordre se rétablit immédiatement
dans les provinces, et l'insurrection s'éteignit,
n'ayant plus ni excuse ni prétexte; Barcelone
et l'Aragon se soumirent ; Barcelone qui depuis plusieurs années se refusait à reconnaître
l'autorité du gouvernement.

Au sein des Cortès, la discussion allait s'ouvrir sur quatre grands intérêts, questions vitales
et de nécessité politique pour le gouvernement
de la Péninsule, c'étaient : La réorganisation
administrative du pays; sa constitution finan-
cière; le rétablissement de l'Église, et le commencement d'un grand système de travaux publics.

IV

Le parti progressiste venait de céder la
place au parti modéré. Ce dernier dirigea les

affaires publiques pendant onze années con-
sécutives, de 1843, jusqu'au pronunciamiento
de 1854.

Le maréchal Narvaez, duc de Valence;
MM. Alexandre Mon, Bravo-Murillo, le général
Lersundi, le comte de San-Luis et d'autres personnages représentant les mêmes idées, occupèrent tour à tour la présidence du conseil des
ministres.

On a dit et répété mille fois, en Espagne et
au dehors, que les abus commis durant ces onze
années provoquèrent la révolution de 1854. Les
limites de cette brochure ne permettent pas
d'examiner ce qu'il y a de vrai ou d'exagéré
dans cette assertion. Toujours est-il que les
hommes qui occupèrent le pouvoir pendant
cette période, prirent le régime modéré comme
base de leur politique, et en firent l'application
aux affaires de l'État.

Or, ce régime est un grand système de gouvernement, auquel on a dû, pendant de longues
années, le maintien de la paix publique; il a
rendu à l'Espagne son rang en Europe, et l'a
conduite à travers une crise universelle formi-

dable, sans la laisser sombrer dans le naufrage commun.

Au milieu de l'agitation générale et des révolutions de 1848 et 1849 qui se communiquaient de toutes parts sans rencontrer de résistance, l'Espagne, sous l'influence du parti qui occupait le ministère, non-seulement traversa cette crise révolutionnaire sans y prendre part, mais elle donna l'exemple du calme, de la modération, et d'une attitude conservatrice qui contrastait singulièrement avec ses agitations contemporaines.

La révolution de février, au lieu de devenir pour elle une cause de désordre, avait été, au contraire, le point de départ d'une série d'œuvres politiques et de réformes essentielles. Elle était sortie de cette crise avec une situation plus raffermie, avec une liberté d'action plus grande, avec un crédit nouveau. Aussi l'a-t-on vue, à cette époque, reprendre sa place dans les grandes transactions européennes, et prendre part à l'expédition de Rome par l'envoi d'une armée.

Quelle était la situation de l'Espagne à l'époque où ce parti avait en main les rênes de

l'État ? Un rapide regard jeté en arrière va nous
l'indiquer.

Le voyageur qui parcourait la Péninsule, il y
a une vingtaine d'années, sentait à chaque pas
son cœur se navrer d'une tristesse profonde à
la vue de tant de richesses perdues, de tant de
mines d'abondance inexploitées, soit par l'in-
curie des habitants, soit par la perturbation
qu'avait semée sur tous les points la guerre civile, dont les fureurs venaient à peine de se
ralentir. L'armée était désorganisée, le trésor
public dénué de la moindre ressource, la marine de guerre dans un état absolu de nullité ;
les lois administratives n'existaient pas, les gou-
verneurs ou intendants des provinces géraient
presque sans aucune espèce de contrôle, et les
contribuables se ressentaient péniblement de
cette situation arbitraire.

Le parti modéré, durant les onze années
qu'il put se maintenir à la tête des affaires,
donna au pays l'organisation qui lui manquait :
la centralisation, jugée alors indispensable parce
que l'éducation politique du peuple restait à
faire, servit de base à la confection des lois

administratives; l'ordre fut rétabli dans les finances, et un des hommes les plus importants de l'Espagne, M. Alexandre Mon, institua le système tributaire en vigueur encore aujourd'hui. Plus tard, en 1851, M. Bravo Murillo fit un règlement général de la dette espagnole; ce règlement, très-défectueux sur bien des points, n'en fut pas moins un bienfait; et il faut espérer que le gouvernement espagnol, qui n'a pu réparer encore certaines injustices commises vis-à-vis de bon nombre de créanciers étrangers, profitera dans un bref délai, d'une occasion opportune, pour compléter l'œuvre de M. Bravo Murillo, et ouvrir à ses valeurs industrielles les principaux marchés de l'Europe qui lui sont encore fermés.

Le maréchal Narvaez organisa l'armée, lui donnant les habitudes d'ordre, de tenue et de discipline qui font aujourd'hui, de l'armée espagnole, une des plus brillantes armées du continent; il institua la garde civile ou gendarmerie chargée d'expulser des routes publiques les nombreux malfaiteurs qui les rendaient peu sûres pour les voyageurs de tous les pays; sous son administration, des lois importantes furent mises en vigueur ; il suffit de citer les lois sur la comptabilité, sur les services administratifs, la réorganisation de la banque de San-Fernando, aujourd'hui banque d'Espagne, la réforme de la monnaie, la création du papier timbré, etc., etc. Un concordat fut passé avec le Saint-Siége, et sert maintenant de règle aux rapports existant en Espagne entre l'Église et l'État. Création des archives du royaume, code pénal, timbres-poste, établissement des courriers quotidiens sur toutes les lignes, loi de salubrité publique, loi concernant les établissements de bienfaisance et de correction, loi organique des théâtres, loi contre le vagabondage, loi électorale, régularisation des budgets généraux de l'État, des provinces et des municipalités ; création de l'Académie des sciences morales et politiques ; loi sur l'enseignement à tous les degrés et création de nombreuses écoles spéciales, telle que l'École de diplomatie ; création d'une commission pour la conservation des monuments historiques et artistiques (1) ; d'un musée des sciences naturelles,

(1) Cette commission reçoit du gouvernement une subvention

d'une commission générale de statistique (1);
organisation de l'école de peinture, de sculpture
et de gravure, organisation de l'armée d'outre-
mer, organisation militaire du corps des carabi-
niers, réorganisation des colléges militaires.

annuelle de 200,000 réaux, consacrée à la publication d'un
grand ouvrage d'intérêt national, intitulé : *Monuments architec-
toniques de l'Espagne,* composé de magnifiques planches gra-
vées, et d'un texte rédigé à la fois en français et en espagnol.
Les premières livraisons, d'un format splendide, viennent de
paraître dans des conditions d'exécution artistique et typogra-
phique qui feront rivaliser ce recueil avec ce que la France,
l'Angleterre et l'Allemagne ont produit de plus beau en ce
genre. Elles contiennent la reproduction de plusieurs monuments
de Tolède et de Grenade. Parmi les artistes qui collaborent à
cette œuvre, il faut mentionner M. Martinez, l'un des élèves les
plus distingués d'Henriquel Dupont; on lui doit la gravure de
quelques-uns des chefs-d'œuvre de Murillo.

L'importante *Collection des documents inédits relatifs à l'histoire d'Espagne,* publiée par D. Miguel Salva et D. Pedro Sainez
de Baranda ; la vaste et riche *Bibliothèque des auteurs espagnols,* éditée par D. Riva de Neyva, et qui compte aujourd'hui
plus de 50 volumes, constitueront, avec le recueil ci-dessus, un
ensemble bibliographique d'une utilité inappréciable pour ceux
qui s'occuperont de l'histoire d'Espagne.

(1) La commission de statistique, institution créée en 1856 par
le général Narvaez, et qui fonctionne d'une manière permanente,
sous la dépendance du président du conseil, a publié, dès 1858,
le résultat de ses premiers travaux dans deux ouvrages, le *No-
menclator* et l'*Annuaire statistique de 1858,* à la fois considé-
rables et curieux.

Prise de possession des îles Chafarines et création d'une capitainerie générale à Ceuta, construction de la magnifique fonderie de Trubia et
de Séville; réparation complète de tous les arse-
naux du royaume; approvisionnements consi-
dérables de matériaux de tout genre; construction de deux vaisseaux de ligne, de trois fré-
gates, de cinq corvettes, de seize bricks-goë-
lettes et de trente-trois vapeurs, sans compter
un grand nombre de petits navires employés à
la surveillance des côtes de la Péninsule.

Comme conséquence de ces améliorations,
développement notable donné à la marine mar-
chande, qui jaugeait à peine 200,000 tonneaux
en 1843, et qui en jauge maintenant près de
1,000,000.

Tels sont les actes principaux des administrations qui précédèrent le pronunciamiento du
28 juin 1854; à ces actes, il convient d'ajouter
la confection de la constitution de 1845, aujour-
d'hui en vigueur en Espagne, et la reconnaissance de la dynastie d'Isabelle II par toutes les
puissances, à l'exception de la Russie, qui finit,
en 1858, par reconnaître à son tour les droits

légitimes de cette souveraine au trône de Castille.

V

La révolution commencée dans les rues de Madrid le 17 juillet 1854, aboutit, après une lutte sanglante qui dura quarante-huit heures, au retour du maréchal Espartero au pouvoir et à l'avénement du parti progressiste dont ce personnage était le chef.

Des Cortès constituantes furent nommées, et posèrent les bases d'une constitution nouvelle, qui ne fut jamais sanctionnée, parce qu'après deux années de discussion stérile au point de vue politique, le maréchal Espartero, ayant donné sa démission des fonctions de chef du cabinet, le maréchal O'Donnell, appelé à lui succéder, dut les dissoudre violemment et lutter, durant trois jours, pour faire prévaloir les prérogatives de la couronne contre la garde nationale, forte alors de vingt-cinq mille hommes, qui tenta vainement de s'opposer à la retraite du chef du parti progressiste.

L'Espagne doit, du reste, à ce parti, l'abolition de la dîme, la suppression des mayorats, et le désamortissement civil et ecclésiastique, ce dernier même approuvé en 1859 par le souverain pontife.

VI

A l'initiative des Cortès constituantes, on doit le réseau général des voies ferrées, qui, dans peu de mois, couvrira tout le pays, offrant aux riches produits dont ce sol privilégié abonde, des moyens de transport faciles et des débouchés assurés. C'est à cette époque, en effet, que furent votées toutes les lois sur les chemins de fer, et celles relatives à la création des diverses sociétés de crédit, le crédit mobilier de MM. Pereire; la compagnie générale de crédit en Espagne, connue plutôt sous la qualification de crédit Guilhou et le crédit Weis Weiller. A cette dernière société, qui compte parmi ses membres, MM. de Morny, de Rothschild, l'opulent banquier européen, Salamanca, l'opulent banquier espagnol, et autres personnages distingués, il fut concédé la ligne,

déjà en exploitation dans tout son parcours, de
Saragosse à Madrid et à Alicante, et de Saragosse
à Pampelune et à Alasua; au crédit mobilier
Pereire il fut concédé la difficile et gigantesque
entreprise du chemin de fer de Madrid à Irun,
dont on annonce pour un délai très-prochain la
solution complète; au crédit Guilhou les lignes
de Tarragone à Reus, de Montblanch à Lérida,
et la ligne de Séville à Cadix, appelée à devenir
au point de vue des bénéfices, une des premières
lignes de l'Europe.

Tous les chemins de fer espagnols doivent, du
reste, par la force des choses, prendre place en
tête de ces dernières, et pour en donner la
preuve, comme aussi pour ne pas nous arrêter
trop longtemps sur l'énumération des produits
spéciaux de chacune des provinces parcourues
par une voie ferrée, nous nous bornerons à bien
préciser l'importance de la ligne qui traverse
l'Andalousie.

Le bassin du Guadalquivir est séparé du
reste de l'Espagne par des chaînes de montagnes escarpées et non interrompues. Quoique
sa superficie soit très-grande, tout ce bassin et

une portion de l'Estramadure, qui présentent une surface de 2,600 lieues carrées, n'avaient de communication assurée avec la mer que par l'issue relativement étroite du fleuve à son embouchure.

La Sierra-Morena sépare ce bassin des vastes plaines de la Nouvelle-Castille et de la Manche au nord, et des plateaux de l'Estramadure à l'ouest. A l'est et au midi, les Sierras Sagra, Ségura et Nevada semblent élever des barrières infranchissables entre l'Andalousie et la Méditerranée. Aussi, dès les temps les plus reculés, le commerce s'est-il porté sur les villes qui, par leur position, offraient le plus d'avantages à l'exportation et à l'importation : Séville et Cadix.

L'Estramadure, de son côté, enclavée de montagnes, n'a d'issue vers la mer que par l'est. Le centre de son commerce est Séville, où, malgré toutes les difficultés antérieures de transport, venaient affluer d'immenses quantités de grains, de laines et d'huiles, provenant de la province de Badajoz.

Les plaines et les vallées de l'Andalousie présentent un aspect bien différent de celui des provinces limitrophes.

A peine sort-on des défilés de Depênaperros, sur le versant sud de la Sierra-Morena, que de riches campagnes, couvertes de blés et d'oliviers, viennent reposer le regard fatigué par les plateaux déboisés de la Manche. La végétation méridionale s'étale avec toutes ses splendeurs. Derrière des clôtures d'aloès et de cactus, l'olivier balance son gracieux feuillage au-dessus des vignes, des grenadiers, et des jardins ombragés par l'oranger et le citronnier.

Le soleil d'Afrique et l'eau partout abondante couvrent le sol de richesses qu'il eût été impossible de soupçonner. Mais c'est surtout l'olivier qui présente une vigueur de végétation remarquable, et dont les bois de tout côté se perdent à l'horizon, ombrageant les blés les plus beaux qui poussent presque sans labeur.

Pour donner une idée des richesses de production du bassin du Guadalquivir, il suffit de dire qu'il a plus de 80 kilomètres de largeur, sur environ 350 de longueur. A Andujar, à Cordoue, à Jaen, à Grenade, à Séville, à Xerez, par-

tout le même aspect, partout la même magnificence de la nature. Toutefois, entre Séville et
la mer, le fleuve est bordé d'immenses plaines,
submersibles pendant les crues ordinaires, et
qui nourrissent ces troupeaux de taureaux et
de chevaux qui sont une des gloires de l'Andalousie.

Les montagnes ne sont pas moins riches que
les plaines et les vallées.

Les mines de plomb, d'argent, de cuivre et
de mercure fourmillent dans la Sierra-Morena
et la Sierra-Nevada, et le bassin houiller de
Belmetz est un des plus riches de l'Europe par
la quantité et la qualité de ses charbons. De
vastes forêts de chênes-liége, de pins, de châ-
taigniers et de chênes à glands doux attendent
des moyens de transport pour être exploitées.

Faute de voies de communication et de débouchés, une grande partie de ces richesses pé-
rissait sur place; l'huile seule, par sa valeur
élevée, pouvait supporter les énormes frais de
transport à dos de mule, depuis les lieux de production jusqu'à la mer. Les oliviers d'Andalousie suffisent pour approvisionner d'huile

la Havane, le Mexique, et une grande partie de l'Amérique méridionale. Séville seule expédiait, en 1857, plus de 25,000 tonnes d'huile par an. Aujourd'hui, grâce au chemin de fer de Cordoue à Séville, à Cadix, ce chiffre est plus que doublé ; les produits de la haute Andalousie, privés auparavant du bénéfice de l'exportation, trouvant un débouché naturel vers le midi.

Quoiqu'en somme l'Andalousie soit de beaucoup la province la plus riche en productions naturelles de toute l'Espagne, et que sa richesse doive centupler au moyen de faciles et rapides communications, on peut appliquer, avec fort peu de variantes, ce qui vient d'être dit aux provinces de Valence, d'Alicante et de Murcie, traversées également par des voies ferrées.

Chaque province a, du reste, ses produits spéciaux : les plateaux immenses et déboisés de la Manche, dont la vue attriste si profondément le touriste, possèdent des blés magnifiques, et les vins si appréciés de Valdepénas et de Villarubia ; la Navarre et l'Aragon, comme les provinces de la Catalogne, sont couverts également de vignobles, et leurs fruits de toute espèce, abondants et savoureux, couvrent les marchés de l'Espagne. Les plaines étendues de la Nouvelle et de la Vieille-Castille, déboisées comme la Manche, produisent les blés les plus beaux et en quantité suffisante pour nourrir une grande partie des habitants de l'Europe.

Les provinces auxquelles la terre semble s'être montrée avare de ses dons, ont repris également une vie nouvelle, par les voies de communications faciles ouvertes à leurs produits. Jusqu'ici, le voyageur égaré dans les montagnes abruptes de la Galice et des Asturies se bornait à contempler les magnificences d'une nature sauvage ; s'il voulait se distraire, il se livrait à la chasse de l'ours, du chevreuil, du cerf, du blaireau, du chat sauvage, du sanglier, de l'écureuil, du renard et du loup. Quelquefois, sur les plus hautes crêtes, il poursuivait l'isard et au fond des gorges, sur les bords du Sella, il guettait la loutre et pêchait la truite, tandis qu'au-dessus des précipices sans fond, il voyait planer les pygargues au cri si remarquable, strident et saccadé, les vautours gigantesques, les buses et les milans. Comme délassement aux émotions que lui procurait cette nature sauvage, il s'enfonçait dans les clairières pour y chasser le lièvre, la perdrix, la gélinotte, la bécasse, la grive, et quelquefois le faisan argenté.

Aujourd'hui, ce même voyageur supputera les bénéfices nombreux qu'on pourra faire sur l'exploitation des bois de toute nature, qui abondent dans ces provinces, et que nulle main d'homme ne touchait par le manque absolu des moyens de transport.

Dans la province de Santander, dans les vallées comme sur les versants est, sud-est, et nord-est des pics d'Europe, si riches en mines de plomb et de zinc, de magnifiques forêts couvertes de hêtres, de chênes verts, de houx et de frênes, n'attendent que la spéculation intelligente pour tomber et donner à leur tour profit et bien-être.

Depuis les Cortès constituantes, l'Espagne a passé, pour ce qui concerne ses voies de communication, sans transition aucune, d'une situation par trop primitive à un état de progrès tel, qu'avant deux ans, elle sera par ses voies fer-

rées à la hauteur des nations les plus avancées de
l'Europe (1). Nous avons dit que la ligne de Pampelune à Saragosse et de Saragosse à Alicante
par Madrid est déjà en pleine exploitation ;
cette ligne compte 978 kilomètres. Il en est de
même de la ligne de Saragosse à Barcelone et
de Barcelone à Gerona dans la direction de
Perpignan (509 kilomètres) ; de celle de Madrid
à Valence, depuis l'embranchement d'Almansa
sur la ligne d'Alicante (134 kilomètres); et de
Madrid à Ciudad-Real, depuis l'embranchement
d'Alcazar de San-Juan sur la même ligne d'Ali-

(1) Les travaux marchent avec une telle activité, que le jour
approche où un rail continu unira les deux capitales de la
France et de l'Espagne. Le voyage de Paris à Madrid par Pampelune et Saragosse exige aujourd'hui quarante-huit heures : ce
délai va être abrégé à quarante-cinq heures, par l'inauguration
d'un train express entre Pampelune et Madrid.

Par un décret royal du 27 juillet dernier, le chemin de Girone
à la frontière française vient d'être concédé à la compagnie du
chemin de fer de Barcelone à Girone.

Le gouvernement espagnol vient aussi d'approuver la conces-
sion définitive de la Société du chemin de fer de Granollers à
San-Juan de las Abasedas. Ce chemin aura 103 kilomètres de
longueur, et une grande importance commerciale, car il met le
riche bassin houiller de San-Juan de las Abasedas, en communication directe avec Barcelone et la province industrielle de
Catalogne.

cante (115 kilomètres); d'Alcazar de San-Juan part également la ligne qui, prochainement, après avoir traversé les montagnes de la Sierra-Morena, se reliera à la ligne de Cordoue à Cadix, en pleine exploitation (140 kilomètres sont déjà en exploitation dans la direction de l'Andalousie); la ligne de Cordoue à Séville et celle de Séville à Cadix comptent 283 kilomètres; la ligne de Madrid et Irun est en exploitation sur un parcours de 451 kilomètres; de cette ligne part l'embranchement en exploitation jusqu'à Santander, le premier port commercial de l'Espagne sur la côte Cantabrique. Le 1er juillet prochain cette ville sera reliée directement à Madrid, à l'exception d'un petit nombre de kilomètres qu'achèvera avant peu de temps la Compagnie de la ligne d'Isabelle II, qui pousse les travaux avec la plus grande activité à travers les montagnes de Reinosa. Cet embranchement a une étendue de 198 kilomètres.

La ligne de Carthagène à Albacète sur la ligne de la Méditerranée, est en exploitation jusqu'à Murcie. Il en est de même des lignes de Tarragone à Monblanch, de Langreo à Gijon, de

Valence à Castellon de la Plana, et de Madrid à
Tolède.

Bref, les lignes exploitées mesurent une étendue de 3,240 kilomètres, et, dans deux ans, ce chiffre sera presque doublé. Tous ces travaux ont été accomplis depuis 1856. Un tel résultat montre bien à quel degré de grandeur et de force s'élève sans relâche la Péninsule.

Voici comment M. Audiganne, économiste distingué, a parlé des chemins de fer espagnols, dans un article de revue tout récemment publié (15 août). « Au midi de l'Europe, et surtout dans la Péninsule ibérique, le mouvement de progression dans la construction des chemins de fer a été, dans ces dernières années, beaucoup plus général, beaucoup plus systématique que dans les pays du Nord, qui jusqu'alors avaient eu l'initiative à cet égard. C'est que, en Espagne, les idées de liberté ont désormais jeté des racines qui fournissent aux transactions de plus solides garanties, au travail des stimulants plus énergiques. L'achèvement des lignes récemment inaugurées amène bien près du but final. On exploite maintenant, sur toute son étendue, le chemin de Madrid à Saragosse, qui communique à droite avec Pampelune, à gauche avec Barcelone, par deux lignes ouvertes l'une et l'autre. De cette dernière cité part, dans la direction des frontières françaises, le chemin terminé jusqu'à Girone. Sur la ligne de Madrid à la Bidassoa, constituant la grande artère de la Compagnie du Nord, les âpres monts de Guadarrama, qui sillonnent la Vieille-Castille, ont livré passage aux locomotives, grâce à une suite de tunnels et de viaducs d'une construction des plus laborieuses. Le service embrasse, dès à présent, sans interruption, 583 kilomètres sur un total d'un peu plus de 700, et il va franchir les Pyrénées et toucher la frontière française avant un an. Du côté du Portugal un important rameau gagne déjà les frontières près de Badajoz, où il rejoint la ligne espagnole qui mettra Lisbonne en communication avec Madrid, et de là avec les voies dirigées vers la France. En même temps s'achève, au midi de la capitale, le trait d'union entre les lignes du Nord et le chemin du Sud-Est et du Sud-Ouest, de telle sorte qu'au bout des grandes voies ferrées ibériques les villes de Lisbonne, Cadix et Malaga apparaissent comme les lointains pendants des trois cités moscovites, Saint-Pétersbourg, Moscou et Nijni-Novgorod, situées à l'extrémité asiatique du réseau européen. »

L'auteur de l'article ne doute pas que, dans un prochain avenir, Cadix ne devienne le port d'embarquement pour tous les voyageurs du continent qui se rendront en Amérique ou en Australie.

Si on ajoute à ces améliorations toutes les autres entreprises, les travaux gigantesques exécutés sur tous les points de l'Espagne, soit pour l'ornement des villes qui, la plupart, manquaient d'eau potable et qui en sont aujourd'hui abondamment pourvues (1); soit pour un système

(1) Le canal d'Isabelle II, inauguré le 24 juin 1858, sous le ministère Isturiz, qui conduit les eaux de Loroya dans la ville de Madrid, jusqu'ici réduite à celles si souvent taries du Manzanares, est dû à une souscription volontaire que M. Bravo Murillo fit décréter le 18 juillet 1851.

La première pierre en fut posée le 11 août 1851. Ce canal a douze lieues d'étendue. L'eau est recueillie dans un vaste réservoir, au champ des gardes, pouvant en contenir 56,000 mètres cubes; quantité de beaucoup supérieure à ce qu'exigent les besoins de la ville. Il a coûté 126,272,238 réaux.

général d'irrigation des campagnes trop souvent
desséchées par un soleil brûlant, soit pour re-
lier aux voies ferrées les localités dépourvues de
voies de terre, soit pour la canalisation des rivières
et des fleuves, ces grandes voies jetées par la
nature à travers les nations pour le bien-être
des peuples, on comprendra que le règne de
S. M. Isabelle II laissera dans l'histoire un souvenir mémorable et digne d'envie.

VII

Nous arrivons à une nouvelle période de l'histoire politique de l'Espagne, durant laquelle le
pouvoir, dégagé de nouveau de l'alliance com-
promettante des partis extrêmes, put faire tourner
au profit des aspirations et des besoins légitimes
du pays, l'activité et le patriotisme des hommes
intelligents de toutes les fractions du grand parti
conservateur ; mais pour atteindre à cette pacifica-
tion des esprits, par quelles luttes il a fallu passer,
quels efforts il a fallu faire ! Certes, les hommes
d'État, sortis vainqueurs de pareilles épreuves,
et retrouvant après les ardeurs du combat cet

amour éclairé du bien public qui a signalé leur
action aux différentes époques, ont montré
d'une manière éclatante leur aptitude gouvernementale : ils ont bien mérité des institutions
libérales et de la royauté qui en est la garantie.
Cette union libérale est le fait principal qui signala l'administration du maréchal O'Donnell.
On peut dire qu'il en fut le point de ralliement,
le lien et la force. M. Antonio de los Rios y Rosas,
l'un des plus brillants et des plus féconds ora-
teurs de la tribune espagnole, en était le chef
au sein des Cortès.

Après avoir applaudi et aidé aux mesures ré-
pressives adoptées momentanément contre la
rébellion, telle que la suppression des milices
nationales devenues, par entraînement, les auxi-
liaires de l'émeute, telle que la mise en état de
siége du royaume tout entier, les adhérents au
principe de l'union libérale réservaient les droits
de la liberté politique, croyant qu'on pouvait
laisser une grande latitude à ces manifestations
par la presse et par les élections. Ils désiraient
qu'on donnât aux municipalités des priviléges
plus étendus, et qu'on établît certaines catégories

d'incompatibilités parlementaires. Mais, comme il est difficile de résister aux entraînements que suscite une crise violente, la réaction du parti conservateur fut au delà de la répression que les hommes de l'union libérale voulaient exercer pour le rétablissement complet de l'ordre, la réorganisation des services publics, et le cabinet qui représentait leur politique dut céder la place au ministère Narvaez, en qui se personnifiaient plus complétement les dispositions légalement réactionnaires du parti modéré.

Celui-ci, après avoir rempli sa mission, fut remplacé dans les conseils de la couronne par les ministères de MM. Armero, Alexandre Mon et Isturiz aujourd'hui ambassadeur à Paris, qui concentrèrent leurs efforts sur l'examen des affaires administratives.

Après un espace de deux années, le maréchal O'Donnell revenait au pouvoir au mois de juin 1858, comme président du conseil, poste qu'il a conservé sans interruption jusqu'au commencement de l'année 1863.

VIII

Sous les plus brillants auspices, et avec le concours des plus heureuses circonstances, au milieu de l'apaisement général des partis, le maréchal O'Donnell reprit donc la direction des affaires publiques. Il eut la singulière fortune de conserver cette direction pendant cinq années; et la durée exceptionnelle de ce long ministère à peine modifié dans sa composition, l'appui à peu près absolu que vinrent lui prêter les nouvelles chambres, et surtout l'entrée des hommes les plus importants des anciens partis dans ce nouveau système de politique intérieure et gouvernementale, lui permirent de mettre la dernière main à des actes essentiels au point de vue économique et social, et d'apporter des améliorations utiles dans tous les services publics.

C'est pendant cette période que les différends avec la cour de Rome furent réglés définitivement par le concordat, autorisant la vente des biens du clergé, lequel recevait en échange des inscriptions de rente, non transmissibles. Cette question du désamortissement constituait un des problèmes les plus difficiles à résoudre; et c'est pour Sa Majesté la Reine, pour ses ministres, un grand honneur d'en avoir déblayé le terrain de la politique. M. Antonio de los Rios y Rosas fut l'habile négociateur de cette délicate affaire. Signé à Rome le 25 août 1859 et ratifié le 24 novembre, ce concordat a été définitivement publié en Espagne au mois d'avril 1860. Il obtint l'adhésion unanime de tous les partis, et fut le point de départ d'un rapprochement que l'incident américain allait encore mettre plus pleinement en lumière.

La session des Cortès venait de s'ouvrir. Parmi les premiers résultats de ces travaux, on vit surgir cette admirable et unanime protestation contre la prétention des Américains du Nord sur l'île de Cuba. Cette question de dignité, d'honneur national, fut résolue d'une façon qui démontre combien est vivace ce fier et viril sentiment espagnol, et dut prouver au président Buchanan quel sort était réservé aux propositions mercantiles qu'il avait projetées.

Maintenant, sans énumérer les travaux, les améliorations et les actes de tout genre qui s'accomplirent de 1858 à 1863, au point de vue du régime interne et de la politique extérieure, il convient pourtant de mentionner le décret du 14 juillet 1858, qui transforma le conseil royal en conseil d'État, en lui conférant des attributions analogues à celles dont ce conseil est revêtu en France; l'organisation d'un service transatlantique régulier, entre Cadix et la Havane, la réincorporation à la monarchie espagnole de la république Dominicaine, solennellement proclamée (19 mai 1861); le décret du 20 décembre 1858 pour la colonisation des îles de Fernao-do-Po, Annabon, Corisco et dépendances, sur la côte occidentale d'Afrique, cédées à l'Espagne en 1778, et dont on avait négligé jusqu'ici de mettre à profit les immenses ressources; la création des lignes télégraphiques. La première ligne, station de Guadalajara, a été inaugurée le 5 juin 1854, sous le ministère Sartorius. Le service privé a été organisé plus tard, et mis en activité en mars 1855. Aujourd'hui, l'exploitation comprend 6,400 kilomètres.

A côté de ces améliorations intérieures, vient se placer la guerre contre le Maroc, que le maréchal O'Donnell eut la bonne fortune d'entreprendre et de mener à bonne fin. Cet épisode fournit à l'Espagne l'occasion de prouver aux nations européennes la vitalité d'un pays que l'on croyait généralement si grandement amoindri.

C'est le 22 octobre 1859, que le chef du cabinet annonça aux membres du sénat et au congrès des députés la déclaration de guerre de l'Espagne au Maroc. En présence d'une foule compacte parmi laquelle on remarquait les ambassadeurs et ministres plénipotentiaires des autres puissances, le président du conseil, dans un discours bref, mais bien senti, rappela l'histoire des exactions et des outrages qu'avait soufferts l'Espagne, et l'inutilité des démarches faites pour en obtenir une juste satisfaction.

A l'unanimité, les chambres législatives, oubliant dans cette circonstance solennelle toutes les dissensions de parti, un vote de confiance illimitée fut accordée au ministère.

Le 18 novembre suivant, le corps d'avant-garde, sous les ordres du brave général Echagüe,

débarquait sur la rive africaine et prenait possession du Serrallo ; à peu de jours de là, le maréchal O'Donnell, général en chef du corps expéditionnaire, débarquait à son tour à Ceuta,
précédé et suivi par les autres corps d'armée,
placés sous les ordres des généraux Zabala, Prim,
Ros de Olano.

Le général Garcia, mort depuis à Barcelone,
où il remplissait les fonctions de capitaine général, fut nommé chef d'état-major général.

Malgré les rigueurs d'un hiver exceptionnel,
et le choléra qui décimait cruellement les rangs
de l'armée, celle-ci se mettait en marche le
1er janvier de l'an 1860, dans la direction de
Tétouan, la ville sainte de l'empire marocain, et
s'illustrait par la victoire de las Castillejos.

Retardée un instant dans sa marche par une
horrible tempète qui empêcha pendant plusieurs
jours le ravitaillement des troupes par la voie de
mer, l'armée abandonnait, le 15 janvier au soir,
la vallée d'Asmir pour franchir les défilés du
monte Negro, et prendre possession de la vallée
de Tétouan.

Ce fut dans la vallée d'Asmir, qu'en 1575,

l'armée du roi de Portugal, don Sébastien, sur-
prise dans les marais et entourée de tous côtés
par les Arabes, fut complétement anéantie. Le
roi don Sébastien lui-même périt dans cette affaire avec les dix mille hommes à la tête desquels
il voulait conquérir Tétouan.

Après plusieurs combats soutenus avec avan-
tage dans la vallée et provoqués par les Marocains, ces derniers furent complétement défaits
dans la journée du 4 février, et obligés de lever
les deux camps fortifiés qu'ils avaient formés
sous les murs même de la ville sainte. L'armée
espagnole se battit ce jour-là avec la bravoure,
l'impétuosité et l'intelligence des meilleures
armées européennes. Cette victoire décida du
sort de la ville sur laquelle, dès le surlendemain,
flottait le drapeau castillan.

Une belle et glorieuse journée qui signala encore les armes espagnoles fut celle du 23 mars,
qui mit fin à la guerre. L'armée, forte de vingt
et un mille hommes, s'était mise en marche dans
la direction de Tanger, vers quatre heures du
matin. Un épais brouillard dissimula pendant
les premières heures, aux yeux des Arabes, les

mouvements des Espagnols; à huit heures et demie, néanmoins, quelques Arabes répandus dans la vallée donnèrent le signal d'alarme, et toutes les hauteurs étaient bientôt couronnées de Marocains, en même temps que la vallée se couvrait de cavaliers.

A neuf heures, l'action prenait des proportions sérieuses, et il était facile de juger que la journée serait incontestablement une des plus sanglantes parmi les journées mémorables de la guerre d'Afrique.

Les Marocains se battirent, en effet, avec une rare vaillance, disputant pas à pas le terrain à leurs ennemis; le général en chef, accompagné d'un nombreux état-major, suivait avec sang-froid et habileté, souvent au milieu d'une grêle de balles, les mouvements des Arabes, afin d'opposer partout des forces suffisantes à l'impétuosité de la cavalerie et de l'infanterie marocaines.

A cinq heures du soir, après des prodiges de valeur de part et d'autre, la victoire était complète. Muley-Abbas, frère de l'empereur du Maroc, s'était retiré avec ses guerriers abattus, dans les gorges du Foudouck, et l'armée espagnole campait sur les lieux où, peu d'heures auparavant, s'élevaient les tentes arabes.

Le surlendemain, dans une entrevue mémorable, le prince marocain et le maréchal, duc de Tétouan signaient les bases d'un traité avantageux en vertu duquel le Maroc payait une indemnité de guerre de 400 millions de réaux, souscrivait à l'agrandissement des territoires de Ceuta et de Mélilla, donnait à l'Espagne la pêcherie de Santa-Cruz sur l'océan Atlantique et consentait à la confection d'un traité de commerce.

Cette expédition, éminemment nationale, qui ravivait le souvenir traditionnel des luttes prolongées des chrétiens contre les musulmans sur le sol ibérien, n'excita pas seulement le courage dans le cœur des soldats, elle enflamma l'enthousiasme des poëtes, et ils ont élevé à la gloire de l'armée expéditionnaire un monument de poésies qui ne périra pas. C'est à M. le marquis de Molins (don Mariano Roca de Togores), ancien ministre de la marine, qu'est due l'idée patriotique de réunir ces productions noblement

inspirées, dans un recueil spécial : *Le Roman-
cero de la guerra de Africa*. Là se lisent les noms
de Severo Catalina , de M. José Amador de
los Rios, l'auteur de l'*Histoire des Juifs d'Espagne*, et de l'*Histoire critique de la littérature
espagnole ;* ceux de MM. Alcala Galiano, Pedro
Madrazo, Manuel Tamayo y Baüs, auteur de
Jeanne la Folle ; ceux encore de Ventura de la
Vega, de Rodriguez Rubi, de Manuel Canète ,
de Manuel Breton de los Herreros et de don An-
gel Sallas ; là brille particulièrement le nom
populaire du spirituel auteur comique Fernan
Caballero, qui a fourni à cette couronne poé-
tique le petit chef-d'œuvre des *Dettes acquit-
tées*. Ces noms étaient déjà illustres, à divers
titres, dans l'*Histoire littéraire de l'Espagne contemporaine*.

Cet épisode de la guerre du Maroc a placé
l'Espagne à la hauteur des puissances de premier ordre, et ce sera la gloire du maréchal
O'Donnell d'avoir su profiter de la circonstance
qui lui était offerte, pour montrer ce que pouvait faire son pays après trente années de luttes
incessantes.

IX.

M. le marquis de Miraflores, sénateur du
royaume, actuellement président du conseil des
ministres et ministre des affaires étrangères, est
un de ces personnages dont la parfaite honora-
bilité n'a jamais été mise en doute, même par
ses adversaires. Dévoué à son pays et à sa souveraine, professant les principes du parti conservateur libéral, justement estimé par les repré-
sentants des gouvernements étrangers, ennemi
de tout ce qui peut ressembler à de l'arbitraire,
il administrera l'Espagne honnêtement, conve-
nablement, tant que la confiance de la reine ne
lui fera pas défaut. Sous son administration, la
Péninsule ne fera pas un pas en arrière, on peut
en avoir l'assurance.

Les Cortès du royaume ayant terminé leur
existence légale, des élections générales vont
avoir lieu. Espérons que la nation heureuse et
prospère, après bien des jours mauvais, ne man-
quera pas de se faire représenter par des hommes
d'ordre, désireux de continuer l'ère de progrès

et de sage liberté inaugurée dans ces dernières années.

X.

Après avoir fait la revue rapide des événements qui se sont accomplis en Espagne, durant ces trente dernières années, sous les différentes administrations qui ont successivement occupé le pouvoir; après avoir apprécié la politique et les actes de chacune d'elles, nous sommes amené à conclure que le système de gouvernement, qui régit aujourd'hui la Péninsule, s'appuie sur des bases d'autant plus solides, qu'elles sont franchement libérales. Son programme dont elle met tous les jours l'esprit en pratique, et les vues à exécution, peut se résumer ainsi : « Offrir à toutes les nuances constitutionnelles une juste représentation dans la vie publique, et rallier modérés et progressistes, sans distinction d'origine, à un système de libéralisme monarchique indépendant des combinaisons des anciens partis. » Ce programme est brillant, et sera fécond dans ses applications. Le passé nous répond de l'avenir;

et ce passé, qui date pour nous de l'année 1833, s'est déroulé, marchant irrésistiblement dans la voie du progrès, souvent au milieu de transformations critiques qui faisaient encore mieux ressortir tout ce qu'il y avait de vitalité, de force latente et de saines doctrines chez la nation espagnole.

Pour mesurer l'étendue de ces heureux changements qui se sont produits en Espagne dans ses conditions d'existence physique, intellectuelle et morale, dans sa constitution politique, économique et administrative, nous n'avons qu'à consulter les données obtenues par la statistique dans ces derniers temps.

Les chiffres qu'elle fournit sont éloquents, quand on les compare aux résultats mentionnés par les documents qui se rapportent au commencement du règne d'Isabelle II. A cette époque, la situation était de tous points déplorable. L'agriculture était négligée, et le sol demeurait inutilement fécond ; aujourd'hui, grâce aux encouragements qu'elle a reçus, elle peut faire rendre à la portion du territoire, encore bien limitée, qu'elle exploite, une somme de

produits qui suffirait à une population de 25 millions d'habitants, tandis que l'Espagne n'en a
que seize. Quant à la production particulière du
vin, elle est à peu près double de la consom-
mation. L'industrie minérale se bornait à l'exploitation imparfaite d'un petit nombre de
mines et, de nos jours, on compte 3,682 mines,
exploitées sur 7,000 environ, dont on a constaté
l'existence. Citons entre autres les gîtes si abondants de calamine, à Santa-Lucia, dans la province de Santander; ceux de sulfate de soude
de la Navarre et de la Vieille-Castille, dont le
rendement est si riche; les mines de cuivre de
Huelva, qui donnent annuellement au gouvernement 18,000 quintaux de cuivre; citons enfin
parmi les nombreux gisements de houille que
possède l'Espagne (495), ceux qu'on exploite
dans les Asturies, produisant une moyenne de
500,000 quintaux métriques, chiffre très-minime
qui centuplera peut-être dans un prochain avenir,
avec les progrès de l'exploitation et par la création des voies de transport qui donnent aux produits un débouché facile et économique. Quels
avantages pour l'industrie et la navigation! En

1833, l'Espagne en était réduite, pour sa viabilité terrestre, aux quatre routes principales créées par Charles III, et dont on avait délaissé l'entretien dans la plus grande partie de leur parcours ; aujourd'hui, la contrée est sillonnée de chemins de fer dont on va bientôt compléter le système. Elle est déjà, à cet égard, à la tête des nations les plus favorisées. Elle possède, en outre, 7 routes de première classe, et 118 routes secondaires, dont le parcours total est de 15,000 kilomètres. Bien d'autres routes sont projetées pour compléter le réseau des voies de communication de toute nature, déjà existant. Quant à la navigation intérieure, l'Espagne a entrepris ou terminé, pendant ces trente années, cinq lignes navigables actuellement en activité, sur une longueur de 700 kilomètres.

L'état financier de la Péninsule était sa plus grande plaie, au point qu'on a pu dire alors qu'il était sans remède ; un déficit annuel de 50 millions de réaux creusait de plus en plus l'abîme de la dette publique. Or, en 1859, celle-ci avait considérablement diminué, et n'était plus que de 13 milliards de réaux. Le budget avait repris son équilibre et se soldait désormais avec un excédant de recettes, applicable à l'amélioration des services publics. Cette amélioration se traduisait en encouragements donnés à l'agriculture, à l'industrie et aux beaux-arts. L'instruction publique recevait une organisation nouvelle, et une extension extraordinaire. En 1859, on comptait 22 mille écoles publiques, dont 3,500 avaient été ouvertes depuis 1855. Elles distribuaient les bienfaits de l'instruction primaire à plus de 1 million d'enfants sur un nombre total de 2 millions et demi. A la mort de Ferdinand VII, l'Espagne, on peut le dire, n'avait pas d'armée, et ce qui en existait était, en quelque sorte, sans discipline et sans organisation. Aujourd'hui elle possède, en armée active et de réserve, un peu plus de 280,000 hommes d'excellentes troupes, bien armées, bien disciplinées, et aguerries par de glorieuses campagnes.

Enfin, pour terminer cette énumération, bien incomplète, de l'immense développement qu'a pris la prospérité de l'Espagne pendant le règne d'Isabelle II, indiquons les progrès qu'a faits sa

marine militaire. Nous n'avons pas sous la main
l'état de sa situation à l'aurore de cette ère de
transformation, mais nous ne craignons pas
d'affirmer qu'il se résume tristement en un
chiffre minime et que la marine espagnole était
à créer. C'est une œuvre patriotique à laquelle
toutes les administrations ont travaillé à l'envi.
Grâce à ces efforts continus, l'Espagne possède
aujourd'hui 76 navires de guerre portant 904
canons, et une marine à vapeur d'une force
approximative de 10,000 chevaux. Ce nombre
s'accroîtra rapidement et pourra rivaliser dans
un avenir peu éloigné, avec celui des marines
des grandes puissances. Le pavillon espagnol
peut flotter déjà sur toutes mers et se faire res-
pecter sur tous les points du globe.

Un pareil tableau n'a pas besoin de commen-
taires; on peut le caractériser en quelques mots
par cette pensée d'un auteur contemporain, de
M. Guizot, lorsqu'il dit : « Les faits sont maintenant dans l'ordre intellectuel la puissance en
crédit. »

XI

La reine Isabelle, âgée à peine de trente-trois ans, a encore une longue carrière à parcourir ; il lui sera donné de voir son œuvre se consolider et grandir, et de laisser à son jeune fils, le prince des Asturies, une magnifique et splendide couronne.

Comme reine, comme femme et comme mère, elle a mérité et possède l'affection sincère, l'adhésion loyale de ses sujets. Les ovations enthousiastes qui lui sont faites dans les provinces qu'elle visite dans ses voyages d'été, sont une preuve qu'on n'a jamais voulu faire peser sur elle la responsabilité des fautes ou des imprudences de quelques-uns de ses conseillers. Dans les jours de *pronunciamientos*, l'émeute ne s'est jamais attaquée à la famille royale, et le palais de la souveraine a toujours été respecté.

Bonne et charitable pour ceux qui souffrent ou réclament son appui, Sa Majesté Isabelle II est heureuse de pouvoir faire le bien. Toujours

prête à compatir aux malheurs légitimes, il n'est
pas de maux qu'elle ne soulage, pas de misères
qu'elle ne secoure, pas d'infortunes qu'elle n'a-
doucisse de ses royales consolations. Ce n'est
jamais en vain qu'un de ses sujets, quelque éloigné qu'il soit, fait un appel à sa bonté ou à sa
justice; car sa bienfaisance n'a pas seulement
sa capitale pour limites, mais elle rayonne jusqu'aux extrémités les plus reculées de son
royaume. Les arts, dont elle est la protectrice
éclairée, et toutes les branches des sciences, de
l'industrie et du commerce de nature à aug-
menter le bonheur et la prospérité de la nation,
trouvent en elle un appui bienveillant et des
secours efficaces.

Reine constitutionnelle, Isabelle II aime les
institutions que le pays s'est données et pour
lesquelles il a versé un sang précieux sur les
champs de bataille. Les hommes s'intéressent
toujours au maintien d'une situation qui leur a
coûté de pénibles sacrifices.

Un long avenir de gloire et de grandeur est
donc réservé à la reine Isabelle : Espagnole par-
dessus tout, la prospérité et l'indépendance du

pays dont elle est souveraine seront toujours le but de ses efforts et le bonheur de sa vie.

L'impératrice Eugénie vient de parcourir l'Espagne, il y a quelques jours à peine. Elle a été saluée dans son pays natal par des acclamations enthousiastes, et la cour a déployé pour la recevoir une magnificence sans égale. A la beauté des réjouissances, au plaisir des fêtes qui ont marqué le séjour de cette personne auguste à Madrid, la reine Isabelle II a joint des marques personnelles de la plus affectueuse sympathie, et a rehaussé, par les attentions les plus délicates, la splendide et noble hospitalité qu'elle avait offerte à la gracieuse souveraine des Français.

Le voyage de Sa Majesté l'Impératrice est destiné à resserrer les relations amicales qui existent entre l'Espagne et la France.